AF242753

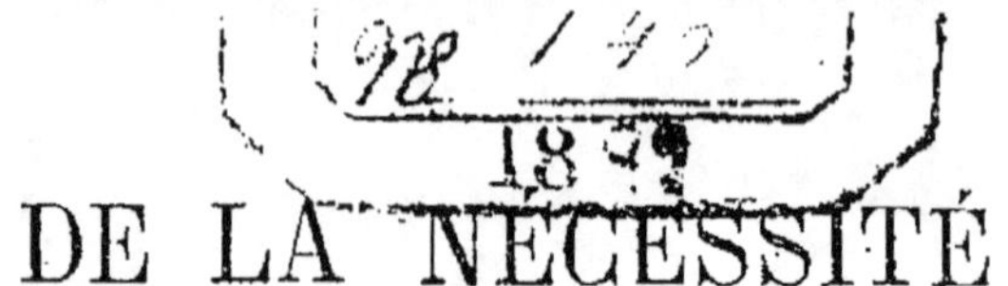

DE LA NÉCESSITÉ

D'UN

GRAND PARTI NATIONAL

PAR

Charles DESBANS

DIRECTEUR DE L'ENRÉGISTREMENT ET DES DOMAINES EN RETRAITE

Chevalier de la Légion d'honneur

LE MANS

TYPOGRAPHIE ED. MONNOYER, PLACE DES JACOBINS

—

1882

DE LA NÉCESSITÉ

D'UN

GRAND PARTI NATIONAL

PAR

Charles DESBANS

DIRECTEUR DE L'ENREGISTREMENT ET DES DOMAINES EN RETRAITE

Chevalier de la Légion d'honneur

LE MANS

TYPOGRAPHIE ED. MONNOYER, PLACE DES JACOBINS

—

1882

Ces pages sont les dernières et comme le résumé du livre de la Séparation des Pouvoirs *que l'auteur se propose de publier.*

I

DE LA NÉCESSITÉ

D'UN GRAND PARTI NATIONAL

1882

Il faut du temps pour préparer
les esprits aux réformes.

On pouvait espérer que des élections législatives
de 1881 sortiraient des idées nouvelles, des vues
gouvernementales, un programme politique, quelques conceptions capables de rallier les opinions et
de les captiver. Le désappointement a été général,
un petit nombre de propositions mal étudiées, avec
un simple accroissement de majorité républicaine,
voilà tout ce que nous a donné ce grand mouvement
populaire.

Encore si cette majorité savait ce qu'elle veut !
mais elle l'ignore, elle ne se rend pas compte du
but de ses aspirations. La diversité des idées
s'oppose à ce qu'elle puisse avoir un plan, le voulût-
elle ; elle cède aux impulsions qu'elle reçoit, sans

avoir le temps de se reconnaître, harcelée cons-
tamment par les minorités avides de la diviser et de
se substituer à elle.

Cet état d'irrésolutions fait sentir plus que jamais
la nécessité d'un grand parti national. Il semble
que le moment soit venu de le constituer en se
ralliant à un principe unique, celui de la souveraineté nationale. Ce principe est le seul qui puisse
prévenir l'anarchie et élever la France au plus
haut degré d'unité et de considération.

Les collèges électoraux n'ont pas encore acquis le
sentiment de la mission qu'ils ont à remplir. Ils ne
savent pas encore assez qu'il leur appartient non
seulement de discuter le mérite des candidats qui
se présentent à leurs suffrages, mais encore de
rechercher en silence, et par de prudentes investigations les citoyens dignes de leur préférence : une
démocratie s'honore en plaçant à sa tête les hommes
les plus honorables et les plus éclairés. C'est dans
le haut, et non dans le bas qu'elle doit choisir ses
chefs.

L'étude de l'histoire nous apprend que la courte
durée des démocraties a toujours eu pour cause
leur brusque rupture avec le passé. L'humanité ne
bondit point comme un serpent : sa marche est
lente, incertaine. Quand elle cesse de s'appuyer aux
traditions, l'avenir l'effraye, elle chancelle jusqu'à
ce qu'elle retrouve l'appui de la main qui a guidé

ses pas. Nous devons donc nous rattacher comme au lien le plus sûr, à cet esprit libéral, qui a déjà tant aidé aux libertés publiques.

Il est temps de faire justice du charlatanisme, et de toutes ces aspirations égoïstes qui, sous des qualifications burlesques, ont pour but l'omnipotence la plus absolue.

Il faut reléguer dans le vieux sac, ces dénominations introduites dans les assemblées délibérantes : droite — extrême droite — gauche — extrême gauche — centre droit — centre gauche — conservateurs — intransigeants — radicaux — opportunistes — et toutes les unions. — Ce ne sont pas des nuances qu'on puisse compter comme celles de l'arc-en-ciel ; c'est un amalgame indéfinissable. Deux volumes suffiraient à peine pour donner une confuse idée de cette confusion.

On dirait que la raison traquée de tous côtés ne sait plus où poser le pied. Certaines passions n'aspirent qu'au triomphe de s'asseoir sur des ruines.

Il n'est possible de prévenir une pareille fin que par une haute unité de vues et de sentiments, en faveur de cette nouvelle et puissante famille que nous nommons la nation.

Placé dans une atmosphère où la liberté d'esprit va jusqu'à la variété infinie des idées, Paris n'a pas de préjugés. Mais il se laisse trop souvent dominer par le prestige et l'étrangeté des théories. Toutefois quand des éclairs de mémoire lui rappellent son passé, et qu'il se sent piqué au vif par les leçons de l'expérience, il est capable de faire voir au monde ce que vaut la France.

Voici l'esquisse que j'en traçais, le 6 avril 1871, au moment où l'agitaient profondément les idées socialistes, communistes, phalanstériennes, attisées par les perpétrations étrangères.

Je connais Paris . J'y ai passé de longues années et je suis toujours enclin à prendre sa défense. Paris renferme un grand nombre de sociétés secrètes et d'affiliations qui toutes obéissent aveuglément à un pouvoir occulte. Quand elles reçoivent l'ordre de s'armer, elles s'arment. Le jour où le mot d'ordre est de descendre dans la rue, elles s'y précipitent en foule, entraînant avec elles tout ce que la population a de plus vil, de plus abject, de plus criminel. Toute résistance ne fait qu'exalter cette masse qui déborde. Cette foule n'a le sentiment ni de sa conservation, ni des dangers auxquels elle s'expose. C'est le promoteur des révolutions; c'est elle qui pousse le canon, construit les barricades, pose l'étendard sanglant. Les sociétés secrètes ne sont point salariées. Elles obéissent à un intérêt de caste. Ce que nous appelons la société française n'est à leurs yeux qu'un vieux monde qu'il s'agit de rajeunir et qu'elles s'efforcent de miner pour arriver à former une multitude de municipes, quelles entendent rattacher ensuite par les liens d'une immense fédération. Tous les peuples de la terre seraient ainsi appelés à une œuvre unique, une pensée unique. L'humanité entière formerait un vaste phalanstère où se donneraient satisfaction toutes les aptitudes et tous les goûts. L'idée dominante est empruntée à la république des abeilles :

« Chez elles les sujets unissent leurs fortunes,
« Les enfants sont communs, les richesses communes. »

Ce sont, comme on le voit, les ingénuités innées des insectes prises pour idéal de la condition humaine : quel honneur !

Dans ce système où l'obscurité et l'absurde jouent le rôle de complices, disparaît le libre arbitre humain, la seule faculté qui élève l'homme au dessus de la bête. Rien n'est plus moralement déplorable que ce système. Il n'a même pas le mérite de la nouveauté. Ce ne sont que des réminiscences des plus anciennes affiliations de l'Inde. De tout temps le génie du mal a conspiré : C'est son rôle. Ce n'est pas avec cela qu'il est possible de conduire les sociétés. Les chefs socialistes le savent bien. Mais ils savent aussi que les maximes les plus incompréhensibles sont celles qui ont le plus de chances de faire des adeptes et d'agir sur l'imagination des gens ignorants. Quant à leur impulsion personnelle, ils la reçoivent de leurs passions cupides : tantôt l'or de l'étranger, tantôt l'appât d'un ministère, d'une dictature. Ils organisent l'attaque dans l'ombre avec cet instinct du mal qui ressemble au génie. Aussi grande est la stupéfaction de voir tout ce que produit l'émeute en une nuit. Ses moyens sont formidables, et les paisibles habitants ne s'aperçoivent du danger que lorsqu'il n'est plus temps de l'éviter. Une fois en armes, une fois en rébellion contre la loi, contre la société, le parti du désordre se sentant compromis ne peut plus désarmer. Les volontés individuelles sont impuissantes. Elles sont sous un joug de fer qui les contraint d'obéir. Elles ont le sens intime de cette condition fatale, sans pouvoir s'y soustraire. Malheur à celui qui oserait manifester un retour à la raison. Chacun se sent perdu, chacun s'enfonce dans l'infamie, comme un monomane prépare son suicide. A ce penchant funeste, irrésistible, il faut la conclusion d'une lutte terrible, au risque d'une fin tragique. Devant cet excès de la force, devant de pareilles fureurs, la saine population se retire accablée de tristesse et découragée. Est-ce défaillance? Non ! le crime a tous les avantages de la violence, tandis qu'elle n'a que l'impuissance de l'isolement. Ce qu'on lui impute à faiblesse, n'est que la privation des moyens de résistance. Que devient, et que peut faire un corps armé, qui n'a pas une cartouche à brûler, qui ne s'appartient pas, qui ne peut se mouvoir sans infraction aux lois ? Tandis qu'il attend son salut du pouvoir, il est dominé par l'émeute. On lui reproche alors de pactiser avec elle. Est-ce que la France, sans armes, a pactisé avec l'invasion ? Quand les libertés individuelles sont compromises, c'est à la société en général de se garer ; c'est à la loi, supérieure à tous les partis, à toutes les conditions, de faire sentir son autorité. Dans cette situation, le rôle de l'armée, qui a pour elle la force et le droit, s'élève à la hauteur d'une protection sociale.

Les événements n'ont que trop malheureusement confirmé mes appréciations. L'émeute s'est abîmée dans l'incendie et le sang. Paris est sorti de ses ruines plus laborieux que jamais, plus sage. Mais livré aux agitations des partis renaissants, aux entreprises de passions nouvelles, c'est moins, aujourd'hui, l'émeute qui le menace que la confusion. Il n'est pas de parti politique qui n'ait un ou plusieurs journaux ; il est peu d'hommes politiques qui n'ait son journal ; la spéculation, l'industrie, la politique extérieure, la politique étrangère ont leurs journaux. Tous poursuivent un but, un intérêt particulier. C'est à qui conquerra le succès, la renommée, le pouvoir. Dans cet entraînement, la presse est à la recherche des systèmes et des qualifications les plus bizarres.

Il semble que la tactique des partis consiste à produire une anarchie dont chacun espère profiter. A en croire les diatribes dont sont infectées les nations voisines, la France serait le pays du monde où triomphent le plus les sociétés secrètes, les associations démagogiques, le scepticisme, l'irréligion, l'antagonisme. Ces préjugés fomentés jusques chez nous, exercent partout une fâcheuse influence. Mais les gens sensés reconnaissent qu'il y a dans ce dénigrement les appréciations les plus fausses. La France possède ce que possèdent les autres États : le bien et le mal, la variété des opinions et des croyances, les sublimes espérances et l'abrutissant scepticisme ; elle a des gens qui vivent de corruption et qui ne peuvent vivre que de cela. Mais le mal chez elle n'est qu'individuel, accidentel, il ne domine que dans l'imagination de quelques mauvais citoyens qui, pour l'accomplissement de leurs desseins, ne craignent pas de porter contre leur patrie les accusations les plus criminelles. Médire de son pays est le dernier degré d'abjection. Honte et malheur à ceux qui établissent leurs espérances sur les troubles publics et s'en vont criant : tout va mal !

Une remarque dont souffre mon patriotisme est qu'il y a des personnes qui supportent avec peine qu'on leur parle d'un meilleur avenir. A les entendre il n'y aurait d'avenir pour la France, que celui qu'elles ont la prétention de lui imposer : il leur faut une France à eux. Et, chose étrange! elles ne sont occupées qu'à lui nuire en s'efforçant de répandre l'inquiétude, d'empêcher la confiance, et de préparer ainsi son affaiblissement.

Une conduite toute différente nous est indiquée par la raison. C'est de chercher à nous instruire aux leçons de l'histoire, de nous former une juste idée des transformations qu'ont subies nos institutions, de nous rendre un compte exact de notre situation.

Hélas ! nous avons parcouru de trop longues années sans réfléchir : nous en sommes cruellement punis. Mais si l'on ne trouve dans l'histoire aucun exemple de revers aussi considérables, je tiens pour ma part à ce qu'on n'y voie rien de comparable à notre résurrection. Je n'envie pas pour mon pays les institutions étrangères. Nous avons déjà le germe très développé d'une situation supérieure. Seulement il la faut bien comprendre. Nous ne pouvons plus avoir d'autre cause, ni d'autres intérêts à défendre que la cause et les intérêts de tous. Telle est la mission du parti national, auquel j'espère unir tous les gens de bien. Ce parti n'est mû que par un profond sentiment de dignité nationale. Il tend à relever toutes choses pour associer tout le monde au mouvement ascensionnel du progrès. C'est une démocratie en sens inverse de celle qui veut tout mettre au niveau de la misère.

La solution de tant de problèmes dont on effraye vos esprits, se résume dans ces deux mots : travail — économie. Il y a des siècles de cela, le grec Epicharme disait : « Les dieux nous vendent les biens au prix du travail. » Gardez le souvenir de cette vérité, et, croyez-moi, ce qui honore le plus l'espèce humaine, est son libre arbitre. Je ne vois rien de plus contraire à ce don précieux, que ces sociétés secrètes, ces associations communistes dont on vous vante les avantages. Ce qu'on vous présente comme un élément de force n'est que l'asservissement à un joug odieux, une dégradation morale. C'est bon tout au plus pour ces misérables hindous, qui vivent d'une poignée de riz. En fait d'affiliations, ils en savent depuis dix mille ans, plus que vous, et n'en sont pas moins malheureux. — Nous n'en sommes plus là. — L'alliance du travail et du capital est une conquête de notre civilisation ; c'est un contrat libre qui se forme et qui se dénoue à chaque instant, sous nos yeux ; si bien que sans nous en douter, nous possédons en fait ce qui paraît être le but envié de nos prétendus novateurs. Chacun chez nous porte l'avenir en soi. Le plus modeste ouvrier peut, s'il le veut, acquérir un capital égal à celui qui a été l'origine des fortunes les plus considérables. Les exemples fourmillent de gens qui ont commencé leur prospérité avec une humble somme. Des milliers de patrons et de chefs d'ateliers ont débuté avec moins que cela encore, avec leur seule expérience, du travail, et de la volonté. Il semble qu'on n'a pas le droit de se plaindre quand, avec de si petits moyens, on peut faire de grandes choses. Si tous ceux qui sont parvenus à la fortune avaient commencé par s'insurger contre la société, à cause de la dureté de leur condition, ils n'en seraient jamais sortis. Ce qui établit une différence essentielle entre notre société et les sociétés anciennes, c'est que chez celles-ci tout était obstacle pour celui qui ne possédait rien, tandis que dans la nôtre toutes les voies sont ouvertes. De toutes les démocraties, la démocratie française est la plus avancée. Ses destinées sont tellement assurées, qu'elle ne doit plus avoir d'autre crainte que celle de les compromettre. Je voudrais que cette situation, qui n'a pas encore été suffisamment appréciée, fût connue de toute la France.

Nous n'avons pas à craindre, je pense, la réalisation de cet effrayant tableau tracé par Mirabeau : « Si le corps législatif, avec de grands moyens de « devenir ambitieux et oppresseur, le devenait en « effet, des factions terribles naîtraient de ce grand « corps décomposé ; les chefs les plus puissants « seraient le centre de divers partis qui cherche- « raient à se subjuguer les uns les autres ; l'anarchie « anéantirait le gouvernement. Et si la puissance « royale, après des années de divisions et de

**

« malheurs triomphait enfin, ce serait en mettant
« tout de niveau, c'est-à-dire en écrasant tout. La
« liberté publique resterait ensevelie sous les rui-
« nes. On n'aurait qu'un maître absolu sous le nom
« de Roi, et le peuple vivrait tranquillement dans
« le mépris, sous un despotisme presque néces-
« saire. »

Je ne puis croire que la servitude soit le terme
final de nos destinées. L'ère des grandes réhabilita-
tions est venue.

La presse a devant-elle le plus brillant avenir,
honorer, instruire, encourager son pays est une des
plus nobles missions. Je serais heureux, Messieurs,
si par ces paroles je pouvais contribuer à élever la
presse au rang de nos plus grandes institutions.

La confiance est la vie des affaires. Nous savons
l'inspirer aux autres. Pourquoi nous manquerait-
elle ? Notre crédit est considérable. Ce ne sont pas
les changements de ministères, de gouvernements
qui doivent l'altérer. La puissance commerciale
d'une grande nation ne doit pas s'arrêter à ces ac-
cidents. La vie sociale est pleine d'agitations et ne
saurait exister sans cela. Eh quoi ! notre pays se
laisserait effrayer de l'inhabileté de quelques gou-
vernants, de théories malsaines, des calamités d'une
guerre. Ce sont de grandes et dures leçons, mais
non des causes de ruine. L'anarchie morale est plus
dangereuse, mais elle n'affecte que les peuples en

décadence, et je nie, Messieurs, que nous soyons
en décadence. Je prétends que la France n'a jamais
été plus hautement placée à la tête de la civilisation de l'Europe ; elle y représente une idée considérable.

Lorsque dans nos institutions nous avons admis
la dualité de la puissance, la lutte n'a jamais tardé
à s'engager entre le pouvoir personnel et le pouvoir national, et toujours elle s'est terminée au profit
de ce dernier.

Mais alors quand la puissance nationale a été
unifiée en une assemblée, l'assemblée s'est trouvée
investie d'une autorité sans bornes et sans contre-
poids. Elle a chargé un comité, ou un homme de
l'exécution de ses volontés. Celui-ci, considéré
d'abord comme le serviteur de l'autre, a toujours
fini par en devenir le maître, par suite de la concen-
tration entre ses mains de la force publique : histoire des deux empires. Nous tournons de la sorte
dans un cercle vicieux, d'où nous ne pouvons sortir
que par des commotions douloureuses. Mais le
remède est près du mal. Il consisterait à tirer du
principe de la souveraineté nationale deux déléga-
tions : l'une constituante, avec mission de pourvoir
à l'exécution des lois; l'autre chargée de les faire.
Le pouvoir exécutif serait conféré à vie, terme éphé-
mère, sans doute, mais qui fait mieux ressortir la
grandeur et la stabilité des institutions.

La constitution poserait les principes généraux et, cette grande œuvre accomplie, des élections nouvelles constitueraient la législative.

L'unité de la puissance législative ne présente de dangers que quand elle n'est pas réglée par une constitution, et contenue par un pouvoir exécutif émanant d'une vraie assemblée constituante. Mais dès qu'elle se trouve renfermée dans son rôle législatif, elle devient impuissante à rien entreprendre contre le pouvoir exécutif et ne saurait mener le pays, ni à la révolution, ni à l'anarchie, ni au despotisme. L'indépendance des deux pouvoirs reliés entre eux par la constitution est le frein que nous proposons dans l'intérêt même de la liberté.

Nous devons renoncer aux idées coiffées à l'antique. Nous portons, aujourd'hui, trop fièrement la tête. Et nos hommes les plus considérables par leur fortune et par leur savoir, ne peuvent plus avoir au dessus d'eux que la patrie.

Les règles et les maximes gouvernementales que nous avançons, sont sans doute désespérantes pour les partis qui contestent la légitimité de la puissance nationale, et par les instigateurs de troubles. Mais la valeur française ne dédaigne pas la prudence. L'esprit chevaleresque n'est pas éteint parmi nous. Nous avons encore de cet art franc et délié qui nous a tant de fois tirés des mauvais pas.

Malgré nos revers nous avons l'estime des étrangers. C'est un honneur dont nous devons nous montrer très sensibles et très reconnaissants. Sans mendier les alliances, nous pouvons en souhaiter de durables, sûrs de notre énergie et de notre loyauté. Il faut que, en Europe, on compte sur nous, et chez nous, nous comptions sur nous-mêmes. Ayons bon courage ; que personne ne se lie les mains ; car, si j'en crois mes pressentiments, le siècle qui vient sera grand et ouvert à de meilleures destinées.

La confiance dans l'avenir ne m'a jamais quitté, parce qu'elle prend sa source dans une profonde étude de notre état social.

Voici notre programme :

« Il ne peut plus y avoir en France, d'autre grand « et légitime parti que le parti national. »
Le parti national a pour mission de veiller à la conservation des libertés publiques, et de les défendre contre toutes les tentatives d'usurpation. Il lui appartient particulièrement de revendiquer la libre disposition pour la nation de la puissance nationale que l'assemblée législative de 1875 a aliénée au bénéfice d'un congrès perpétuel, synonyme du pouvoir héréditaire. Le pouvoir héréditaire, sous quelque forme qu'il se présente, est contraire à la liberté. Le parti national embrasse toutes les conditions de la société : i   ur toutes des garan-

****

ties. Il définit la liberté politique, la libre disposition pour la nation de la puissance publique. Il reconnaît à cette liberté trois qualifications gouvernementales identiques : république — monarchie élective à vie — État. Le choix d'une de ces qualifications ne peut appartenir qu'à une assemblée souveraine, appelée Constituante. Le pouvoir constituant est le premier, c'est la plus grande conception des temps modernes ! L'État, sur le sens générique duquel on ne s'accorde pas encore, est la plus haute personnification de la puissance publique, l'unité d'action des pouvoirs organisés. Le parti national veut pour atteindre à cette unité, une clef de voûte de laquelle se détachent des pouvoirs parfaitement déterminés. Il est d'expérience que l'autorité ne peut, sans danger, résider tout entière dans le parlement. Une majorité législative n'a pas qualité pour constituer à elle seule tout un gouvernement : le principe de la séparation des pouvoirs s'y oppose. Le parti national veut la stabilité des institutions, parce que rien ne démoralise tant une société que des changements fréquents, qui remettent sans cesse en question son repos et son avenir. Ils sont une cause d'entreprises, de dépenses excessives, et de ruine pour ses finances. Le parti national veut la paix, non par faiblesse, ni par utopie, mais parce que une grande nation, placée à la tête de la civilisation, ne saurait vouloir la guerre sans déchoir de ce haut rang. Autant il tient à honneur l'intégrité du territoire et sa défense, autant il condamne tout plan d'agrandissement, au préjudice de ses voisins. Il veut le droit chez soi et le respect pour les autres. Il préconise le travail, source de bien-être et de prospérité. Il réprouve les sociétés secrètes, les clubs, les associations politiques, comme fatales au libre arbitre individuel, et nuisibles à la production nationale; mieux vaut travailler que discourir. Le parti national n'est pas libre échangiste, le libre échange n'étant pas possible, s'il n'est également adopté par tous les autres États. Il réclame une stricte mesure des travaux publics, parce que leur trop rapide développement a le double inconvénient d'enlever aux champs une grande quantité de bras qui les fertilisent, et de surexciter le prix des services. Il ne veut ni conversion de rentes, ni rachat de chemins de fer, parce qu'il ne peut résulter de ces opérations qu'une grave atteinte à la richesse publique et au légitime encouragement des industries particulières. Il veut le progrès sans révolution. Son but est d'asseoir les destinées de la France sur de sages bases, en s'aidant des expériences du passé.

C'est une maxime des anciens qu'il est permis de chercher à perfectionner les lois par la persuasion, mais qu'il faut s'y soumettre tant qu'elles existent.

La constitution de 1791 reconnaît à la nation le droit imprescriptible de changer sa constitution. Ce droit fondamental est consacré par l'acte constitutionnel de 1793.

Une loi générale, un diplôme national sur lequel repose un ordre fixe, qui assure tous les droits, qui définisse tous les pouvoirs, en un mot une constitution capable de donner aux destinées de la France, et à ses libertés de suffisantes garanties est ce que réclame le parti national.

La question de la revision des lois organiques de 1875, est dépassée par les sévères appréciations d'une législation dont la nation est fondée à exiger la réformation absolue.

Le vœu du parti national est que, avant l'expiration des pouvoirs présidentiels, les deux corps législatifs, cédant à un noble élan de patriotisme, décident qu'il y a lieu de référer à une assemblée nationale, spéciale, la mission de donner à la France, ce qu'elle n'a pas encore, ce qu'elle attend, une Constitution.

Messieurs, si je parle au nom du parti national, c'est que depuis dix ans, j'en plaide la cause.

Pour préparer les esprits à cette œuvre importante, sans vouloir en préjuger les dispositions, nous soumettons aux épreuves de la critique et de la discussion le projet de constitution suivant.

II

CONSTITUTION

ART. 1er. — La souveraineté nationale est le principe sur lequel reposent les institutions politiques de la France.

Aᴿᴛ. 2. — Cette souveraineté s'exerce par délégation. Le gouvernement de la France est représentatif, selon le mode déterminé par la Constitution.

Aᴿᴛ. 3. — La Constitution est l'œuvre d'une assemblée nationale, investie d'un mandat spécial, et à laquelle n'est dévolue aucune fonction législative ou de gouvernement. Les seuls pouvoirs politiques que reconnaisse la Constitution sont : le pouvoir constituant, le pouvoir exécutif, le pouvoir législatif, le pouvoir communal, le pouvoir électoral.

Aᴿᴛ. 4. — Pour relier ces pouvoirs entre eux, est établi un conseil de gouvernement composé de cent membres, choisis alternativement par le chef de l'État, et par l'assemblée législative. La durée des fonctions égale celle de la magistrature. Il est accordé au Président du conseil un traitement égal à celui des ministres et à chacun des membres du conseil, une allocation annuelle de trente mille francs, reversible pour un tiers sur la tête du titulaire, dont le revenu patrimonial, au moment de la retraite, n'excédera pas dix mille francs.

ART. 5. — Le pouvoir constituant a pour mission de fonder le pacte social, de le mettre en pratique, d'y apporter toutes les modifications ou améliorations que le temps et l'expérience auraient rendues nécessaires. Cette mission ne lui est dévolue que dans les circonstances graves, lorsque le chef de l'État tombe par incapacité, par accident, ou par l'expiration de son mandat. Au pouvoir constituant seul appartient de nommer le chef de l'État : le choix n'en peut porter que sur un citoyen français.

Dans les conditions ci-dessus énoncées l'initiative d'une assemblée constituante ne peut venir que du conseil de gouvernement qui donne les ordres en conséquence (1).

ART. 6. — L'assemblée nationale constituante est inviolable. Elle se forme par l'élection à deux

---

(1) Cette disposition est pour l'avenir. Dans l'état actuel la convocation ne peut venir que des deux assemblées législatives.

Tous les pouvoirs publics maintenus, il serait fait appel à la Constituante, comme à la suprême autorité.

L'élection des membres à la Constituante aurait lieu par les maires et conseillers municipaux, augmentés d'un nombre égal des plus imposés, par les conseils d'arrondissement et les conseils généraux.

degrés, selon le mode fixé pour les assemblées législatives, et à raison d'autant de membres constituants qu'il y a de députés. Elle siège à Versailles, ou en tout autre lieu du territoire français qu'elle choisit. Ses travaux ne peuvent excéder deux mois. Une indemnité mensuelle, égale à celle des députés, est accordée à chacun de ses membres.

ART. 7. — Le conseil de gouvernement émet des avis; mais il ne rend pas de décisions. Les règlements d'exécution qu'il élabore à l'appui des lois n'ont d'autorité que par l'approbation du chef de l'Etat.

ART. 8. — Est nulle toute œuvre de l'assemblée constituante, portant atteinte aux droits inaliénables et imprescriptibles de la nation.

ART. 9. — Le pouvoir exécutif est à vie, sauf les cas prévus par l'article cinq. Le chef élu prend le titre de chef de l'État. Il est inviolable et irresponsable. Il a le droit de grâce, et l'administration générale de la France et de ses colonies. Son action sur l'armée est la même que celle qu'il exerce sur les autres services publics : il ne la commande pas. Pour l'éclat de sa dignité, il a le choix d'une garde d'honneur, de douze cents hommes pris dans les rangs de l'armée, au roulement de laquelle elle participe ; elle est composée des différentes armes, et sert d'école d'application pour les découvertes et les expériences intéressant la science militaire.

Le pouvoir exécutif, de concert avec le conseil de gouvernement, est le gardien institué de la constitution.

Une dotation annuelle de six millions est accordée au chef de l'État, ainsi que la jouissance d'un palais d'été, et d'un palais d'hiver, dont l'entretien est supporté par le budget.

Le chef de l'État s'adjoint des ministres pour l'expédition des affaires. Les ministres sont responsables individuellement ou collectivement de leurs actes. Leur traitement est fixé à cent mille francs. Les sous-secrétaires d'État sont également à la nomination du chef de l'État. Ils recoivent un traitement de trente mille francs, et sont logés, comme les ministres, au ministère.

Chaque année le chef de l'État dans un message à l'assemblée législative, expose la situation générale du pays, rend compte des effets de la législation, indique les améliorations dont elle est susceptible ; signale les résultats obtenus , les grandes entreprises en cours d'exécution ; formule des vœux pour tout ce qui concerne le bien public.

Art. 10. — En cas de conflit entre l'assemblée législative et le ministère, le chef de l'État peut, sur l'avis du conseil de gouvernement, appelé à remplir le rôle de conciliateur, ou changer les ministres, ou dissoudre l'assemblée.

Art. 11. — L'armée est nationale : c'est son

honneur et sa grandeur ! Elle est soumise aux lois et placée sous la direction d'un ministre sorti de ses rangs. La discipline exclut la brutalité et l'arbitraire.

ART. 12. — Le pouvoir législatif est conféré à des députés choisis par des élections à deux degrés, composant une assemblée législative. Cette assemblée, dont les membres sont au nombre de cinq cents, est nommée pour sept ans. Elle est permanente et renouvelable en totalité. Elle jouit de deux mois de vacances, du 1er septembre au 1er novembre. Une indemnité annuelle de quinze mille francs, est allouée aux députés.

L'assemblée a l'initiative des lois qu'elle fait élaborer au sein de ses commissions, et qui ne peuvent être présentées en discussion publique, qu'après une épreuve de tous les bureaux réunis en comité secret.

ART. 13. — Les lois votées par l'assemblée législative, sont communiquées au conseil de gouvernement qui, s'il juge qu'elles n'ont rien de contraire aux lois fondamentales, les soumet à la promulgation du chef de l'État. Si, dans le conseil, il s'élève des objections, elles sont transmises au corps législatif, qui en fait l'objet d'une délibération secrète. S'il les adopte, elles sont rendues publiques ; si non, la résolution est simplement inscrite au procès-verbal de la séance. Avis en est donné au conseil par un messager d'État choisi par l'assemblée.

ART. 14. — L'autorité judiciaire a pour mission d'assurer le respect et l'exécution des lois. La justice émane de la puissance exécutive ayant en elle la justice. La magistrature est à vie, dans la limite d'âge de soixante-dix ans, sauf les cas d'indignité ou d'infirmité. L'administration de la justice est une comme la justice elle-même. La justice connaît de tous les crimes, de toutes les infractions aux lois, de toutes les contestations entre particuliers. Les tribunaux ont un personnel en rapport avec leurs attributions. Ils sont établis au chef-lieu de chaque département.

Les juges de paix appartiennent par canton, à l'ordre judiciaire; ils sont amovibles et soumis à la hiérarchie.

Est autorisé l'arbitrage sans appel entre particuliers, patrons et ouvriers. Les sentences arbitrales équivalent à jugement en dernier ressort : l'exécution en est poursuivie par la voie extrajudiciaire.

ART. 15. — Une haute cour de droit administratif remplace l'ancien conseil d'État, dont les attributions politiques passent au conseil de gouvernement. Cette haute cour participe de la justice.

ART. 16. — La cour des comptes a la même condition de durée que la magistrature. Elle ressortit au département des finances. Ses attributions sont étendues de l'examen des comptes publics, aux investigations du légitime emploi des sommes votées par le corps législatif. Elle informe l'assemblée législative des abus particuliers, et de ceux pouvant engager la responsabilité ministérielle. L'assemblée renvoie, s'il y a lieu, les inculpés devant la justice.

ART. 17. — Les cultes reconnus sont maintenus. Les temples ayant une affectation spéciale au delà de laquelle se trouve le domaine public, les manifestations extérieures sont prohibées. Une loi réglera les mesures relatives aux inhumations. Il ne pourra être établi aucun nouveau culte durant la présente constitution.

ART. 18. — Le principe de la famille, étant un des pivots de la société, commande la conservation du patrimoine dans les limites légales de la parenté. Sont non seulement nuls, mais encore punissables, tous les dons manuels, actes et machinations, ayant pour but de soustraire à la parenté une portion d'héritage. La loi civile sera mise en harmonie avec la présente disposition.

ART. 19. — La constitution civile des citoyens étant le point de départ et la garantie de tous les liens sociaux, l'état civil est élevé au rang d'institution publique. La délivrance des expéditions des actes de l'état civil aux familles et parties intéressées est obligatoire.

ART. 20. — L'instruction publique est nationale.

Les établissements particuliers et les écoles pour l'enseignement devront être autorisés. Il ne peut être pourvu aux fonctions publiques, qu'en vertu de brevets de capacité délivrés par l'autorité compétente.

ART. 21. — L'administration est hiérarchique dans l'étendue des capacités requises. Elle s'exerce par délégation (1).

Les conditions de durée des fonctions, de l'avancement, ainsi que les garanties sont déterminées par la loi.

ART. 22. — Le domaine représente l'État dans l'administration de ses biens, et dans les instances relatives à la propriété de ceux affectés, ou non affectés à des services publics.

Chaque administration est chargée de la gestion et de la défense de ses intérêts mobiliers ; le montant des produits, est versé dans la caisse du domaine.

ART. 23. — Les départements sont représentés par des conseils généraux, nommés pour cinq ans. Les élections ont lieu par canton, ou arrondissement de commune, par l'élection directe, dans les conditions énoncées à l'article 25.

Les conseils généraux ont la surveillance de tous les intérêts départementaux. Les départements sont

____

(1) Cette règle s'applique aux contributions directes.

assimilés aux particuliers, quant à la faculté d'acquérir et de posséder, mais cette faculté est restreinte aux choses d'utilité publique. Ils ne peuvent s'imposer qu'en vertu des lois de finances. Les mêmes dispositions s'appliquent aux communes. Placés au centre des populations dont ils tiennent leur mandat, les conseils généraux sont à portée d'en étudier les besoins, et peuvent recevoir leurs vœux et leurs réclamations.

Les conseils généraux peuvent émettre toutes sortes d'avis en matière politique, économique, science, commerce, industrie, finances, mais leurs avis n'engagent en rien l'assemblée législative : elle ne les reçoit qu'à titre de renseignements et de documents.

Elle transmet aux ministres ce qui est de leur ressort et ne conserve que ce qu'elle peut utiliser. Les vœux, délibérations et rapports des conseils généraux, sont transmis au Ministre de l'Intérieur par les administrateurs généraux ou préfets, qui y joignent leurs observations et leurs avis.

Les conseils généraux étant ainsi des institutions destinées à former des hommes éminemment capables et propres aux affaires publiques, sont accessibles à vingt-cinq ans. Les fonctions de conseiller sont incompatibles avec celles de député.

Art. 24. — Il y a dans chaque commune un conseil communal, élu directement pour cinq ans.

Les maires des communes et arrondissements de commune réunissent *en vertu de la constitution* la double qualité d'administrateur communal et celle d'officier public. Ces magistrats sont choisis par le pouvoir exécutif dans le sein du conseil communal, parmi les membres qui le composent, sur la présentation d'une liste de trois candidats. Ils ressortissent au département de l'Intérieur, en tout ce qui concerne l'ordre public et intérêt général. L'action de l'autorité ne peut être entravée par leur refus. La loi détermine leurs attributions et leurs devoirs. Dans les villes divisées par arrondissements, il y a autant de conseils communaux, sans qu'il puisse s'établir entre eux aucune prépondérance : l'unité des intérêts et l'ensemble de l'administration sont, dans ce cas, du ressort du conseil général, sans attribution politique.

Art. 25. — L'électorat est une fonction sociale, la première qui initie les citoyens aux droits et aux devoirs politiques. L'exercice en est subordonné aux conditions suivantes :

1° Age. — Vingt-cinq ans accomplis au premier janvier de l'année de l'élection.

2° Domicile. — Un an dans la commune. Cette condition n'est pas exigée des fonctionnaires publics.

3° Cens. — Impôt égal à la valeur de trois journées de travail.

4° Savoir. — Lire et écrire.

5° Travail. — Une profession.

6° Devoir. — Inscription au rôle de l'armée.

Tout électeur est éligible à 30 ans pour le corps législatif.

Les élections pour le corps législatif, comme pour les constituantes, ont lieu à deux degrés. Les élections du premier degré s'opèrent au chef-lieu de la commune à raison d'un délégué par mille électeurs ou de la principale commune de celles réunies pour former le nombre de mille électeurs.

Les délégués se réunissent au chef-lieu du département et procèdent en commun à l'élection des députés, dont le nombre est proportionné à celui des délégués. Dans les villes qui comptent deux ou plusieurs arrondissements la réunion électorale du second degré a lieu au siège du premier arrondissement.

Les délégués reçoivent de l'État une indemnité de déplacement et de séjour au chef-lieu.

ART. 26. —Les titres de l'ancienne dette publique, à l'exclusion des emprunts qualifiés amortissables, ayant une origine d'utilité publique et faisant partie intégrante de la fortune des citoyens sont inviolables et sacrés. Le service continuera à être fait sur les revenus de l'État.

ART. 27. — L'Algérie et ses annexes font partie du territoire de la France et lui seront successivement assimilées.

Art. 28. — Les qualifications d'éminence, révérence, grandeur et généralement toutes les distinctions nobiliaires sont interdites dans les actes de l'état civil.

Art. 29. — La communication des pensées et des opinions est libre, pourvu qu'elle ne porte atteinte ni aux bonnes mœurs, ni à la considération des personnes, ni à la sécurité de l'État.

Le droit de pétition s'exerce individuellement.

Le duel est défendu ainsi que sa complicité.

Art. 30. — Toute société particulière, toute réunion s'occupant de questions politiques est interdite. Sont également interdites toutes les affiliations secrètes, eussent-elles même un but humanitaire et de bienfaisance, attendu que les habitudes de dissimulation, de quelque prétexte qu'elles se décorent, ne peuvent que nuire à la noble franchise du caractère national. Les réunions politiques n'ayant aucune raison d'exister sous un large régime de publicité et sous un gouvernement représentatif ne peuvent avoir lieu qu'en temps d'élections et au siège de l'administration communale.

Art. 31. — La liberté du travail est individuelle. Chacun peut disposer de son intelligence et de ses bras, dans la limite de ses droits et devoirs sociaux.

Cette faculté exclut toute coalition entre ouvriers et patrons, puisque leurs rapports sont réciproques et libres.

Les conditions du travail se règlent par marché, ou offres librement acceptées ou constatées, avec ou sans condition d'arbitrage. Une loi déterminera le mode des engagements contractuels.

La voie législative étant ouverte à l'amélioration de toutes les conditions, il est défendu aux coalitions de descendre dans la rue et d'y porter l'inquiétude et le trouble.

ART. 32. — Les désobéissances et infractions à la constitution seront punies, selon la gravité des cas, sans que la peine puisse être au-dessous de mille francs d'amende, ou d'un an d'emprisonnement.

ART. 33. — Une grande fête nationale rappellera chaque année à la France la naissance de ses libertés. Le jour anniversaire correspond à celui où l'assemblée nationale de 1789, en décrétant la constitution, a par cela même posé le grand principe de la souveraineté nationale. (9 juillet.)

III

NOTICE

SUR L'ANNIVERSAIRE DE LA FÊTE NATIONALE

> Un homme armé du raisonnement et par
> une démonstration évidente peut renverser
> une opinion fausse quoique généralément
> reçue.
>
> (BENARD. *Précis philosophique*, p. 460.)

D'après les mémoires de Bailly, les bureaux s'étaient formés le 6 juillet pour élire les membres du comité qui devait préparer les travaux de la constitution : il fut choisi par son bureau.

Ce fut le 9 juillet, que Mounier vint proposer et lire à l'assemblée le plan de travail : ce plan fut adopté. Jusque là il n'y avait eu que des préliminaires, des velléités de constitution. Mais dans cette séance du 9 juillet, l'assemblée fit véritablement acte de souveraineté nationale, d'autorité constituante. (DURUY, *histoire de France*, p. 341.)

Le travail était commencé le 11 juillet, puisque Mirabeau le fait suspendre. (THIERS, p. 45.)

Dans la séance de l'assemblée du 13, M. de Clermont-Tonnerre, rappelant les engagements déjà pris par l'assemblée s'écrie : « La constitution sera, ou « nous ne serons plus. » Enfin, le 14 juillet, à 5 heures du matin, l'assemblée reprenant les travaux de la constitution discuta les moyens d'en accélérer l'exécution.

Il est donc certain que la substitution du droit public à la puissance royale se trouvait accomplie avant la prise de la Bastille.

Le principe avait été ainsi posé : « Si la constitu- « tion dépendait du consentement royal, la nation « pourrait n'avoir jamais de constitution : c'est à « elle à la faire, au Roi de l'accepter. C'est là qu'est « sa liberté. »

La révolution dans l'ordre social se trouvant ainsi faite, la violence ne fit que la confirmer.

Un triomphe si retentissant dut nécessairement éclipser l'œuvre de l'assemblée, et fixer dans l'exaltation des esprits le point de départ de la révolution.

En commémoration de la prise de la Bastille, la fête de la Fédération fut indiquée, l'année suivante, au 14 juillet. Cette date s'est imposée à l'histoire comme l'ère de la liberté. En réalité, elle n'a été malheureusement que le commencement des excès qui ont souillé cette époque de rénovation.

A la place de l'autorité personnelle, nous avons

aujourd'hui la puissance publique, œuvre grandiose et pure, la liberté politique dont nous avons été si longtemps à apprécier le vrai caractère. C'est d'elle dont nous avons à fêter la naissance chaque année.

L'anniversaire semble donc devoir être fixé au 9 juillet au lieu du 14.

Il faut, démêlant cette confusion, faire reconnaître l'erreur.

« Le jour où l'assemblée nationale s'est déclarée « constituante, c'est-à-dire souveraine, est né le « droit national, la liberté politique de la France. »

Le Mans. — Typ. Ed. Monnoyer. — 1882.